© 2022 **Eveyblood Loveworker**
© **Couverture et mise en page :** Thibault Beneytou
© **Correction :** Loïc LeJalu

Édition : BoD – Books on Demand, info@bod.fr
Impression : BoD – Books on Demand, In de Tarpen 42, Norderstedt (Allemagne)
Impression à la demande

ISBN : 978-2-3224-6347-3

Dépôt légal : janvier 2023

La Remontée de Lilith

Eveyblood Loveworker

La Remontée de Lilith

Pour Xavier, le plus grand maître Poissons de tous les temps, il connaît bien ma part d'ombre et répond toujours présent.

Table des matières

Introduction

I- Où est votre enfer personnel ?
I-1 Localiser votre Lilith en conscience
I-2 Le tirage des mémoires sombres
I-3- Processus de libération
I-3-A- L'activité relaxante pour libérer les peurs.
I-3-B Activité créative
I-3-C Charme d'apaisement et d'acceptation
I-3-C-a - Le matériel pour le rituel
I-3-C-b La formule magique
I-3-C-c Les runes
I-3-C-d Les encens
I-3-C-e La voix magique
II Ciblez votre point d'affirmation
II-1 Localisez votre point d'affirmation en conscience
II-2- Le tirage de la colère libératrice
II-3 Processus d'affirmation
II-3-A L'activité créative
II-3-B La pratique magique – Le sort

du Brise-Verrou
II-3-B-a Fabrication d'une bougie Brise-Verrou
III-Contournez votre point de soumission
III-1- Pourquoi c'est désagréable
III-2 Tirage du piège à localiser
III-3- Le processus de libération
III-3-A La technique des bonshommes allumettes augmentée
III-3-B Le talisman anti-addictions
IV- Lancez-vous vers Priape
IV-1 Tendre vers le positif
IV-2 Le tirage du funambule
IV-3- Le processus de rééquilibrage

IV-3-A Peser le pour et le contre
IV-3-B Le rituel du positionnement
V- Regagnez votre paradis
V-1- Lilith et la Vierge Marie
V-2 Le tirage du Trône récupéré
V-3- Processus de l'ascension
V-3-A Définir ses ambitions
V-3-B Le rituel Victoria

Conclusion

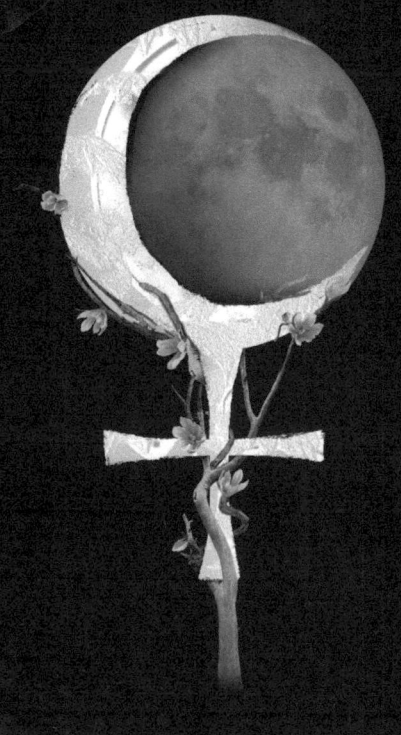

Introduction

En astrologie, on appelle la lune noire Lilith, même s'il existe plusieurs lunes noires et que toutes ne correspondent pas à Lilith. Nous connaissons la vraie, la moyenne et la corrigée. Cependant, il n'est pas question dans cet ouvrage de détailler ces notions techniques, complexes à maîtriser. Ici, l'enjeu consiste essentiellement à s'intéresser à Lilith pour ce qu'elle représente en tant que figure symbolique et de se familiariser avec cette femme dangereusement belle afin qu'elle vous accompagne sur le parcours de la résilience. Effectivement, Lilith a été chassée du Paradis. On la pointe souvent du doigt pour cela, qu'elle effraie ou suscite l'empathie. Ce qui est un peu moins mentionné dans les représentations courantes, c'est sa réconciliation avec le Ciel au moment où elle s'éprend de la Vierge Marie. Nous verrons cela plus en détail dans la dernière partie. Simplement, vous pouvez garder à l'esprit que même si ce parcours est remuant, douloureux et parfois angoissant, il va vous permettre de libérer des blocages, qu'ils soient minimes ou plus conséquents.

Il n'est pas question de promettre des résultats fracassants sur le court terme, comme le font beaucoup de coachs qui prétendent vous débarrasser de vos problèmes l'espace d'un à trois mois. Ce genre de fausses promesses est exaspérant. En effet, la vie est un long cheminement dont la progression s'effectue par petits objectifs, avec une évolution qui se met en place par petites touches, même s'il y a parfois de gros déblocages momentanés. Cependant, ces derniers sont généralement le fruit d'un long travail en amont. Quand vous connaissez une rapide avancée avec ce genre d'accompagnement ou de formation, tant mieux. Quand vous n'y arrivez pas, vous pensez que le problème vient de vous, vous vous comparez aux autres et cela vous enlise dans le mal-être. En plus, vous avez investi financièrement dans ce processus. Non seulement c'est dommage, mais c'est révoltant.

Par contre, ce livre, si vous vous sentez en adéquation avec ce qu'il véhicule et la manière dont les éléments sont amenés, vous ouvrira des perspectives. S'il est question de voir les choses sous des angles différents, ce n'est pas dans le but de vous faire dire « oh, finalement, je suis bien comme ça ». Non, ce n'est a priori pas ce que vous souhaitez. Le but est de vous permettre de mieux comprendre vos blocages, de jeter de la lumière dessus pour dégeler la situation, afin qu'elle ne soit plus figée, justement. Effectivement, ce parcours implique de regarder en face ses failles, mais aussi ses forces. En réalité, il ne s'agit pas de s'autoflageller ou de se faire du mal. Vous pourrez au contraire vous sentir heureux de comprendre pourquoi vous possédez certaines faiblesses, pourquoi c'est plus fort que vous, et voir de petits résultats se diffuser en douceur sans que vous ayez eu besoin de vous faire violence. Pour cela, non seulement nous allons faire connaissance avec Lilith, une alliée de choc lorsqu'on sait comment l'aborder, mais nous allons pratiquer le tarot, ainsi que certains sortilèges et faire jaillir notre fibre artistique, pour élargir nos horizons et faire une partie du chemin, sans même nous en rendre compte sur le moment. Quand vous regarderez en arrière, vous réaliserez que vous avez suivi les injonctions de Lilith sans même vous en rendre compte, et cela, pour le plus grand bien. En effet, Lilith, c'est aussi la figure de l'amour inconditionnel, pas seulement de la colère libératrice qui donne l'impulsion pour sortir la tête de l'eau.

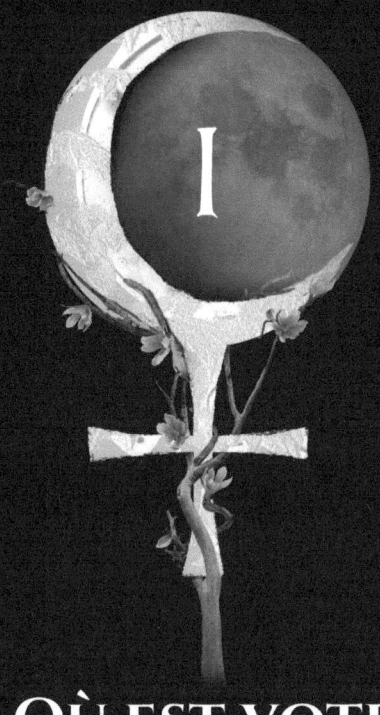

Où est votre enfer personnel ?

I-1 Localiser votre Lilith en conscience

Selon le mythe chrétien, Lilith était la première femme d'Adam. Comme elle a entrepris de le chevaucher lors de l'acte sexuel, son époux n'a pas supporté son insoumission. Dieu a pris parti pour Adam et a chassé Lilith du Paradis, pour l'envoyer en Enfer. Pourtant, malgré toute sa colère et sa posture vengeresse, juste avant de rejoindre l'Enfer, Lilith a eu une pensée d'amour pour Dieu, comme une fille qui voue à son père un amour inconditionnel. Souligner cet aspect permet, d'emblée, de nuancer les aspects négatifs et inquiétants de cette figure. Cela nous aidera dans le processus qui consistera à parcourir votre enfer personnel. Il est question de jeter de la lumière sur ces ombres dévastatrices qui vous emprisonnent et vous rongent de l'intérieur.

C'est la première étape du parcours. Nous évaluerons ensuite les possibilités de s'en sortir et les risques de rechute, mais attention, une chose à la fois. Après avoir bien déblayé vos peurs et tout ce qui constitue votre démon intérieur, à la manière d'une purification approfondie, nous pourrons passer à l'étape suivante, en maintenant l'intensité de ce processus d'exploration, et ainsi de suite.

La lune noire, dans un thème astral, représente, pour ceux qui croient en la réincarnation, l'endroit de notre vie où nous avons brillé, pour tomber dans les excès et nous perdre, si bien qu'on a peur d'y retourner. Pour cette raison, elle symbolise le noyau de toutes nos peurs, le nœud psychotique de chacun. Nous avons tous un nœud psychotique, puisque nous avons tous cette lune noire dans notre thème. Certains astrologues choisissent de ne pas la prendre en compte. C'est compréhensible, puisque l'astrologie est une banque de données immense, et c'est compliqué de prendre en compte tous les paramètres. Mieux vaut travailler avec les concepts qui nous parlent. Par ailleurs, certains astrologues identifieront vos blocages avec la lune noire, d'autres les traduiront différemment, et un psychologue pourra faire remonter des événements liés à votre enfance, voire à votre famille. Non seulement toutes les routes mènent à Rome, mais ce que l'on ne dit pas assez souvent, c'est qu'une explication n'exclut pas l'autre.

Dans cet ouvrage, l'enjeu n'est pas de proposer

un cours d'astrologie complexe et détaillé sur la lune noire, théoriquement parlant. Il est plus question de se connecter à Lilith comme une figure alliée, même si le premier contact-choc vous effraie.

Contrairement à une phrase toute faite, la première impression n'est pas nécessairement la bonne. Le cas échéant, même si elle n'est pas totalement un leurre, cela reste réducteur de se focaliser sur le négatif. Nous allons le voir pour ce qu'il est, l'embrasser pleinement, pour mieux le réguler. Pour cela, vous serez amenés à faire une gymnastique cérébrale, mais pas uniquement. Vous serez amenés à vous tirer les cartes vous-même, à pratiquer des exercices rapides, réalistes et accessibles pour vous libérer, mais aussi à vous exercer à la magie, toujours de manière très créative, quoi qu'il arrive.

Toutefois, il faut savoir que tous vos blocages ne se libéreront pas en une seule fois par le biais de cette pratique. Comme pour chaque étape du livre, vous serez amenés à répéter ce parcours, à revenir en arrière. En effet, il est très possible que lors de votre première confrontation avec Lilith, votre travail introspectif fasse remonter des peurs assez lourdes, mais elles concerneront une problématique en particulier. Des problématiques, on en a plusieurs, et on ne peut pas toutes les traiter en même temps, même si elles sont généralement reliées les unes aux autres. Lorsque vous effectuerez cette rencontre avec votre Lilith intérieure, il est possible qu'elle mette en relief une zone d'ombre assez lourde et ancrée à certains moments, notamment lors des premières prises de contact. Ensuite, vous serez confrontés à des problématiques plus légères ou plus récentes. Vous serez peut-être amenés à travailler plusieurs fois sur la même question avec des angles d'approche variables. Ce processus de répétition comprendra des subtilités, ce qui vous permettra d'évoluer progressivement.

Avant de commencer tout travail avec Lilith, il est préférable que vous vous forgiez votre propre représentation en pensant à elle comme étant une personne. Ici, on ne vous demande pas de croire dur comme fer à l'existence de Lilith, comme s'il s'agissait d'un être de chair et de sang physiquement présent devant vous. En revanche, vous pouvez l'envisager comme le fruit de votre imagination, sous la forme de votre meilleure ennemie, en l'occurrence.

Bien entendu, cette perspective laisse de

la place à une marge de liberté. Cependant, il existe des représentations récurrentes de Lilith qui se recoupent les unes avec les autres, et des attributs récurrents. Même si cela reste important de créer sa propre interprétation personnelle, on ne peut pas négliger l'impact des symboles, de l'imaginaire et de l'inconscient collectif. Tout cela est lié à nos croyances, à notre culture, à notre histoire collective et à nos représentations sociales. Pour autant, les deux types de sources d'interprétation demeurent complémentaires, donc il faut arrêter de condamner l'une au profit de l'autre par le biais de courants de pensée intolérants et cloisonnés.

Pour commencer, vous pouvez vous demander ce que vous évoque le nom Lilith, à la lecture ou à la prononciation. N'hésitez pas à l'énoncer à voix haute ou dans un murmure, là, maintenant. Écoutez vos ressentis. Quelles émotions vous viennent en premier ? Est-ce de la peur, de l'inquiétude, un malaise, ou du désir, de l'envie, de l'excitation, de l'enthousiasme ou de la curiosité ? Maintenant, demandez-vous si cette figure vous est familière. Vous en avez probablement déjà entendu parler, par le passé. De quelle manière l'avez-vous découverte ? Par le biais d'un livre, d'une série, d'un film ou d'un autre type de médias ? Avez-vous étudié cette figure à l'école ou dans la perspective de vous familiariser avec la religion ou la spiritualité ?

Si, vraiment, elle ne vous dit pas grand-chose, cela peut remonter plus tard. Toutefois, ce que vous pouvez faire, c'est retourner un peu plus haut dans ce manuel, à son histoire. Souvenez-vous qu'elle a été chassée du Paradis pour son insoumission à Dieu et à l'homme en général, en tant que figure masculine. Plusieurs éléments peuvent jaillir de cette trame, même résumée dans les grandes lignes. Vous pouvez noter tout ce qui vous vient à l'esprit. La notion de rejet, d'injustice, la notion de féminisme, mais aussi de rapport de force, de colère, d'exclusion, d'exil, de bannissement, de rapport à la sexualité, des relations avec son amant, avec son mari, la question de la relation père-fille et de l'autorité patriarcale, des figures d'autorité en général. Déjà, à ce stade, vous vous rendez compte qu'il y a de la matière. Vous pouvez même réaliser une *mindmap* en tissant des jonctions entre chaque concept et en les reliant à d'autres concepts encore. Cet exercice, vous pouvez le faire même si vous êtes déjà familier avec Lilith. Il n'en sera que plus riche.

Par le biais de cet ensemble de pensées et de représentations, vous pourrez situer Lilith plus facilement, d'une manière à la fois personnelle et rattachée à l'universel. Pour mieux la visualiser, voici quelques symboles et attributs plus concrets qui reviennent régulièrement. Dans son ouvrage sur Lilith lié aux pratiques magiques, Athénos Orphée, de son vrai nom Olivier Michaud, mentionne souvent les couleurs rouge et noir. Effectivement, Lilith est fréquemment représentée avec des cheveux noirs ou rouges, ou des cheveux rouges tirant vers le noir. Elle est associée de manière récurrente à une sirène ou un serpent, en tout cas, quelque chose de reptilien et de dangereux. Il est question d'attributs très concrets, comme sa jarretière. Cette jarretière peut vous évoquer la sensualité, la sexualité, le mariage prêt à être consommé, la lingerie, la dentelle, la proximité avec la chair, quelque chose de risqué et d'audacieux ou encore un élément fait pour glisser, ce qui rappelle la notion de chute. Comme il est question dans certaines traditions consistant à l'ôter à la mariée avec ses dents, on peut parler de morsure vampirique. Justement, les vampires, les succubes et les démons en général sont souvent associés à Lilith d'une manière ou d'une autre. En effet, Lilith se positionne comme une mère universelle, capable de donner naissance à une progéniture infinie. Lorsqu'elle est bannie du Paradis, elle se sert de cette faculté pour donner à Lucifer une multitude d'enfants démons.

Comme vous pouvez le voir, il est possible de tisser une multitude de détails analytiques, de concepts à partir de la figure de Lilith pour bien la situer. Bien sûr, il n'est pas question de s'y perdre éternellement. Quand vous sentirez que vous avez suffisamment de matière, vous pourrez avancer dans le processus, sachant que vous serez amenés à compléter cette représentation au fil de ce travail. De toute façon, votre image de Lilith est amenée à évoluer. Tout comme n'importe quelle personne que l'on côtoie, vous apprendrez à connaître et percevoir différemment votre Lilith au fil du temps.

La formulation « votre Lilith », avec le pronom possessif, tombe particulièrement sous le sens. En effet, vous avez déjà, à ce stade, accompli une première partie du travail. En vous interrogeant sur ce qu'est Lilith, pour vous et par rapport aux représentations externes, vous l'avez située. Or, n'oublions pas que la première partie du travail consiste à la localiser, même si cette entreprise est loin d'être terminée.

Maintenant que vous avez établi vos propres représentations, vous pouvez garder cette liste près de vous. Vous pouvez également commencer à créer des fiches avec les notions globales que l'on a abordées par le biais du mythe de Lilith. Pour rappel, il s'agit des sujets suivants :

- L'insoumission
- Le rejet
- L'amour inconditionnel.

Autour de ces trois notions, vous pouvez commencer à noter des expériences passées que vous avez vécues, celles qui vous viennent en regardant ces mots. N'hésitez pas à remonter loin dans le passé, jusqu'à l'adolescence, voire même, et surtout, à l'enfance. Certes, cela peut vous amener à ressasser un sentiment d'injustice, envers vos parents ou votre famille. Cependant, les regarder en face n'a pas pour but de les accuser de manière agressive. Bien sûr, vous pouvez en parler avec eux, si vous le souhaitez. Cependant, le but premier n'est pas de porter un jugement, que ce soit sur les influences externes de vos expériences passées ou sur vous-même. Ici, le but est de comprendre ce qui a pu générer des traces afin de porter un regard plus lucide sur ce qui bloque dans votre vie et ce qui suscite de la culpabilité chez vous. Grâce à cela, vous vous allégerez d'une partie de votre fardeau.

Quand vous aurez pris des notes sur ces concepts et les expériences personnelles auxquelles ils renvoient, vous pourrez faire pareil avec une autre liste, celle des conflits. Il sera question d'étudier deux types de relations, celles que vous avez avec votre père et celles que vous avez avec vos partenaires amoureux et/ou sexuels. Peut-être observerez-vous des choses qui se rejouent, peut-être verrez-vous des différences plus ou moins marquées ou une évolution dont vous n'aviez pas pris la mesure. Concernant la seconde catégorie, vous identifierez sûrement des personnes plus marquantes que d'autres.

Ensuite, vous pourrez, si vous le souhaitez, remplir les expériences liées à vos propres notions. Vous pouvez vous contenter d'une ébauche et revenir dessus plus tard. Si c'est trop long et laborieux pour vous, ne restez pas bloqués sur cette étape du processus d'introspection.

Une fois que vous avez noirci toutes ces pages, que ce soit sur un cahier (recommandé) ou des feuilles volantes, vous pouvez mettre cela de côté. Laissez passer au moins une nuit et relisez ces notes, le matin de préférence, ou en tout cas l'esprit reposé. Ensuite, sans plus attendre, vous pourrez passer à la prochaine étape, le tirage des mémoires sombres. Si vous souhaitez être méticuleux, cela peut être très intéressant d'effectuer ce tirage pendant la lune descendante ou la nouvelle lune, en observant les phases lunaires sur un agenda ou sur internet, si vous n'en avez pas sous la main. Toutefois, c'est loin d'être indispensable.

I-2 Le tirage des mémoires sombres

Certains d'entre vous sont sûrement familiers des tirages de cartes, mais pas tout le monde. Par ailleurs, même pour les personnes habituées à cette pratique, tout le monde n'a pas la même aisance lorsqu'il s'agit de se tirer les cartes. Inutile de vous inquiéter, vous serez guidés dans ce cheminement, même si le but premier de cet ouvrage n'est pas de vous enseigner cette pratique. Ici, la lecture de cartes consistera certes à appréhender le futur, mais pas uniquement. Il sera question de faire un travail d'introspection pour mieux s'y préparer et atténuer les prochaines épreuves de la vie, voire même les modifier à un niveau plus ou moins conséquent, toujours dans une perspective constructive et anti-fataliste.

Pour commencer, vous allez choisir le jeu avec lequel vous allez travailler. Cela peut être un oracle ou un tarot. Avec le tarot, vous aurez plus de perspectives d'interprétation dans cet ouvrage, mais choisissez votre outil en fonction de vos ressentis et, bien sûr, de vos envies. Même si c'est parfois inconfortable, se tirer les cartes doit toujours rester une partie de plaisir. C'est du temps que l'on s'accorde pour soi. Pour cette raison, choisissez un jeu qui vous plaît mais surtout, qui vous inspire et vous ouvre beaucoup de possibilités. Le *Deviant Moon* est un jeu décalé, mais il a un univers burtonien plutôt chouette et très inspirant pour faire un travail de l'ombre. Malgré ses images percutantes, il a étonné certains utilisateurs en leur diffusant des ressentis très doux, dans le sens où il permet de contempler ses zones d'ombre dans une posture de non-jugement, celle que nous recherchons justement pour opérer ce travail.

Ce n'est pas forcément le jeu le plus « beau » qui va le plus vous parler, d'autant plus que la beauté est subjective. Cependant, même selon vos critères esthétiques, il arrive parfois que des jeux très jolis au niveau des illustrations n'éveillent que peu d'émotions en vous, et d'autres vous interpellent sans que vous compreniez réellement pourquoi. Peut-être sont-ils dotés d'une beauté hiéroglyphe, comme le dit Amélie Nothomb dans son roman *Journal d'une hirondelle*. On prend conscience de ce genre de beauté avec le temps. L'essentiel reste que le jeu vous touche émotionnellement, pour une raison ou pour une autre, et même sans raison, justement.

À partir de là, vous pouvez vous familiariser avec le jeu. Il existe plusieurs manières de s'y prendre. Vous pouvez l'interviewer avec un tirage adapté, en posant des questions comme « Décris-toi, comment tu me vois, sur quoi allons-nous travailler ensemble ? » mais au-delà de ce genre de méthode, vous pouvez tout simplement, en déballant le jeu, être à l'écoute de vos premiers ressentis, en tenant les cartes entre vos mains, en regardant le dos, les bordures, s'il y en a, et les images. Ce premier contact est déjà, en soi, une manière de faire connaissance avec son jeu, même si ce n'est pas codifié. Ensuite, vous pouvez commencer à mélanger les cartes, soit en les battant, soit en les mélangeant, avant de les étaler devant vous, face cachée. Vous pouvez à présent en désigner cinq, ce qui correspond aux questions du tirage des mémoires sombres, en l'occurrence :

1 - Qu'est-ce qui m'éblouit ?
2 - En quoi cela me fait-il peur ?
3 - En quoi cela m'a-t-il perdu par le passé ?
4 - Quelles sont les répercussions aujourd'hui ?
5 - De quelle manière cela pourrait-il se rejouer ?

À présent que vous avez désigné une carte pour chaque question, vous pouvez les retourner et les interpréter en fonction de leur position dans le tirage. Pour cela, il y a de très nombreuses pistes d'interprétation. Il est conseillé de vous fier en premier à vos ressentis en regardant les illustrations. Vous pouvez aussi lire le livret d'interprétation s'il y en a un, mais pas seulement. Vous pouvez vous fonder sur votre niveau de connaissance théorique du tarot, et si vous débutez, vous pouvez construire ces connaissances en vous documentant à ce sujet. En tout cas, ne restez pas sur vos a priori concernant les cartes à polarité positive ou négative. N'oubliez pas de nuancer vos interprétations. Vous pouvez, par exemple, avoir un trois d'épées, symbole de souffrance, qui se trouve bien placé dans un tirage, signifiant alors la guérison. Sinon, vous pouvez avoir une carte positive qui remet en question l'axe de votre tirage pour vous démontrer que vos peurs ne sont pas totalement fondées. Dans tous les cas, cela devrait vous aider à remettre les choses en perspective pour voir plus loin.

Première question : qu'est-ce qui m'éblouit ?

La première question peut vous permettre de mieux comprendre ce qui vous attire, ce qui vous interpelle de manière parfois irrésistible, sans jugement de valeur. Certes, ce qui vous éblouit peut générer de l'illusion, de la manipulation, des addictions ou des sabotages, mais ce n'est pas forcément le cas. Ce qui vous éblouit peut aussi vous inspirer, vous amener à développer votre créativité, à imiter des mécanismes positifs chez des personnes qui vous tirent vers le haut. Parfois, c'est à double tranchant, et parfois, c'est à nuancer. Les éléments ou personnes de votre vie qui vous éblouissent peuvent avoir un impact négatif et positif à la fois, auquel cas votre enjeu consiste à le rééquilibrer.

Il y a plusieurs intérêts à questionner le tarot à ce sujet. Lorsque vous désignez une lame et que vous la retournez, vous faites face à un archétype. Cet archétype vous permet de donner une identité à ce qui vous éblouit, sans que cela se résume à ce que vous percevez. Simplement, cela vous permet de faire un pas en avant dans votre compréhension et de dessiner les contours de quelque chose qui vous dépasse. Par exemple, imaginons que vous ayez tiré l'arcane du Diable dans ce qui vous éblouit. Selon sa signification théorique, le diable représente entre autres les excès, les tentations, les rapports de force, l'ambition. Cela peut ainsi vouloir dire que vous êtes attirés par les rapports de force ou éblouis par les personnes ambitieuses qui semblent avoir dompté leurs excès… ou celles qui les assument pleinement, d'une manière assez séductrice et provocatrice. Ceci dit, votre intuition à l'observation de la lame peut vous donner des informations plus personnelles et éloignées de la signification théorique de l'arcane du Diable, et il n'y a pas à brider ou forcer ces ressentis. Simplement, vous pouvez noter sur un cahier ce que cela vous évoque et pratiquer l'écriture intuitive au passage. Cela vous permettra d'élaborer une réflexion constructive sur vous-même. Si le raisonnement est très concis, ce n'est pas un problème. Parfois, c'est tout aussi efficace d'aller à l'essentiel.

Deuxième question : en quoi cela me fait-il peur ?

Cette question est là pour vous permettre de mieux comprendre pourquoi vous n'allez pas vers ce qui vous attire. Normalement, vous avez sûrement des arguments rationnels qui vous permettent d'identifier vos blocages. Cependant, s'ils sont toujours là, c'est qu'il y a une raison cachée à cela. On n'a jamais fini d'apprendre sur nous-mêmes, bien sûr, mais le tarot permet de comprendre plus rapidement certaines choses, en nous permettant de voir ces éléments sous un autre angle. Parfois, c'est difficile de l'accepter et d'interpréter la carte sans une certaine objectivité. Ceci dit, à force d'exercice et de constatation des résultats de ses tirages après coup, on finit par prendre beaucoup de recul sur soi-même et on parvient même à s'y obliger plus particulièrement pendant ces tirages. Par contre, cela peut aussi vous conforter dans ce que vous saviez déjà. Tant mieux, car cela signifie que le tirage est représentatif, ce qui peut vous donner confiance en votre intuition. Par exemple, si vous tombez sur un cinq de coupes, cette carte peut représenter les regrets ou la déception quant à ce qui vous éblouit, ce qui constitue une raison logique et assez classique d'avoir peur. En tout cas, identifier ses peurs peut procurer d'emblée une forme d'apaisement, dans le sens où on trouve ses repères, or les repères permettent de lutter contre l'insécurité.

Troisième question : en quoi cela m'a-t-il perdu par le passé ?

La lame du tarot peut, une nouvelle fois, vous offrir une réponse à double tranchant. Vous pouvez tomber sur une lame à résonnance négative qui vous conforte dans votre besoin d'avancer par rapport à des schémas passés, mais ce n'est pas nécessairement le cas. Vous pouvez aussi tomber sur une carte positive, bien aspectée, qui vous explique que ce qui vous éblouit vous a plus inspiré et tiré vers le haut qu'autre chose. Dans ce cas, c'est formidable, car vous pouvez relativiser vos peurs et commencer à comprendre qu'elles ne sont pas entièrement fondées. Bien sûr, certaines cartes sont à double tranchant et il faut parfois les nuancer selon le contexte du tirage. Par exemple, vous pouvez tomber sur la carte du soleil, qui vous explique clairement que ce qui vous met des paillettes dans les yeux a généré des réussites personnelles pour vous. Par contre, vous pouvez ajouter un petit avertissement quant au risque de se brûler les ailes. Quand on a l'expérience des tirages de cartes, on apprend à nuancer les polarités positives ou négatives des archétypes qu'elles abritent.

Quatrième question : quelles sont les répercussions aujourd'hui ?

Encore une fois, avec cette interrogation, il est très important de ne pas voir tout en noir. Effectivement, si la carte précédente a soulevé des éléments négatifs quant à ce qui vous a perdu par le passé, les répercussions aujourd'hui ne sont pas nécessairement négatives, bien au contraire. Dans le cas contraire, peut-être que vous pouvez vous interroger sur le deuil d'un bonheur passé en vous questionnant sur la manière de le recréer. Vous pouvez y parvenir de nouveau, en l'améliorant grâce à cette capacité d'apprendre de vos erreurs, justement. Si vous tombez sur la carte de la tempérance, cela peut parler de résilience, mais aussi d'un excès d'accommodation parce que vous êtes marqués par des conflits passés. Tout dépend de votre ressenti, même si cette lame est généralement perçue comme positive. En tout cas, c'est important de mettre en relation cette carte par rapport aux précédentes, pour donner un éclairage bien plus riche à votre jeu.

Cinquième question : comment cela pourrait-il se rejouer à l'avenir ?

Il est naturel de ressentir une certaine forme d'appréhension en posant cette question, mais n'oubliez pas l'emploi du conditionnel qui permet de prendre de la hauteur quant à la réponse, si jamais elle soulève bel et bien des choses négatives. Le but est justement d'anticiper ce qui nous amène à nous saboter. Ainsi, lorsqu'on commet un acte pas très sain pour nous-mêmes, on sera plus susceptible de réfléchir avant de sauter le pas, même si, dans certains cas, c'est difficile de s'en empêcher. On ne sera pas étonnés de tomber sur des cartes comme le cavalier d'épées, qui peut parler d'impulsivité, ou le valet de denier, qui est tellement passionné qu'il perd parfois le sens des réalités. Pour autant, ces problématiques révèlent aussi vos bons côtés, donc essayez de peser le pour et le contre en voyant si cette action vous lèse ou vous enrichit plus qu'autre chose. Plutôt que d'anéantir ses ombres, il est parfois préférable de les tamiser, autrement dit de mieux les réguler.

Maintenant que vous avez identifié votre enfer personnel, vous pouvez passer à la première étape de la libération.

I-3 Processus de libération

Plein de processus de libération sont envisageables pour se libérer de certaines zones d'ombre. Ici, on vous propose trois types d'activités qui peuvent être liées selon vos envies. Il s'agit d'une activité relaxante, d'une activité créative et d'une activité magique.

I-3-A L'activité relaxante pour libérer les peurs.

Vous pouvez faire des exercices respiratoires, de la sophrologie, ou tout simplement vous promener dans un espace vert pas très loin de chez vous, mais, en l'occurrence, l'EFT est très efficace dans ce genre de processus libérateur. Ce n'est pas la solution miracle à tous les problèmes, mais cela permet de prendre de la hauteur sur bien des situations et de guérir des sensations de souffrance parfois brûlantes. N'hésitez pas à lire le tutoriel officiel de Gary Craig sur la question et à regarder des tutoriels YouTube, mais voici déjà quelques indications. Vous pouvez tapoter certaines zones de votre corps, les méridiens, avec vos doigts. Il s'agit du gras de la main du côté de l'auriculaire, que l'on appelle le point karaté, mais aussi du sommet de votre crâne, de vos sourcils, du coin de l'œil, de vos pommettes, des deux zones qui se trouvent au-dessus et juste en dessous de votre poitrine.

Tout en tapotant ces zones de votre corps, pensez aux problématiques que vous avez identifiées. Commencez votre phrase par « Même si », tournez la problématique en évitant les négations dans vos tournures de phrases et terminez en disant « … je choisis de m'accepter comme je suis ». Par exemple, si vous avez identifié votre peur du noir, vous pouvez tapoter vos méridiens en affirmant « Même si j'ai peur du noir, je choisis de m'accepter comme je suis. » En tout cas, si vous êtes à l'écoute de vos émotions et sensations pendant cette pratique, vous observerez des effets intéressants. Votre respiration qui se dénoue, parfois des rots et des haut-le-cœur, mais aussi des émotions qui s'amplifient, comme la colère ou le chagrin. Dans le cas d'émotions douloureuses, il est préférable de répéter la phrase jusqu'à ce que cela s'apaise, ce qui peut être indiqué par une libération respiratoire.

Plus vous poserez les mots justes sur votre problématique, en étant le moins possible dans le jugement et l'accusation par rapport à ce qui vous fait mal, plus la libération viendra vite. Par exemple, si vous dites « Même si j'en veux à Georges qui est une enflure de première, je choisis de m'accepter comme je suis », vous aurez des résultats, mais ils ne seront pas aussi puissants que si vous dites « Même si je suis blessé par Georges parce qu'il m'a rejeté, je choisis de m'accepter comme je suis », les résultats seront bien plus puissants et plus rapides.

I-3-B Activité créative

Pour cette activité, il y a deux possibilités. Vous pouvez créer quelque chose qui est en lien avec la problématique soulevée ou représenter Lilith elle-même, sachant que l'un n'exclut pas l'autre. Si c'est en lien avec la problématique soulevée, vous pouvez reprendre un projet que vous avez mis de côté et y insérer votre problématique, à moins que ce projet ne la reflète déjà. Par exemple, si vous avez créé une bande dessinée mettant en scène une personne que vous admirez, vous craignez peut-être de tomber dans la dévotion avec les mauvais aspects qui s'ensuivent. Vous pouvez élaborer la prochaine planche ou avancer dans le storyboard. Vous pouvez dessiner ou écrire un poème, mais pas seulement. Vous pouvez aussi cuisiner un repas en lui véhiculant une certaine esthétique, un peu à la manière d'une offrande à Lilith. En effet, lorsque l'on étudie la magie chinoise, on se rend compte que les repas sont très souvent proposés en offrande lors de rituels. Cela dit, cela peut aussi être de la décoration que vous repensez dans un endroit spécifique de votre logement, ou encore une manière différente de vous coiffer ou de vous maquiller. Par exemple, si vos peurs sont liées au fait de dégager votre visage parce que vos parents vous ont répété que vous aviez de grosses joues ou que votre mère vous critique dès que vous avez le malheur de vous attacher les cheveux, n'hésitez pas à regarder des tutoriels YouTube pour réaliser une couronne de tresses. Vous pourriez être très agréablement surpris par la réaction des gens autour de vous. En tout cas, choisissez un acte créatif assez concis. Créez une planche de BD, non pas la BD complète, ou juste le crayonné si la planche est déjà trop chronophage. Le but est de faire sauter un verrou pour passer à l'étape suivante, pas de procrastiner et de se montrer trop perfectionniste.

I-3-C Charme d'apaisement et d'acceptation

Pour créer un acte magique, il y a beaucoup de possibilités. Vous pouvez suivre la trame qui est proposée ici, mais également étudier l'approche d'Athénos Orphée, qui a écrit un livre sur le sujet, *Lilith, reine des sorcières*. Vraiment, n'hésitez pas à faire vos recherches sur Lilith pour voir de quelles manières vous pouvez créer un acte magique en lien avec elle. Cependant, une nouvelle fois, cela ne doit pas être un prétexte à la procrastination. Voici une trame qui est proposée, vous pouvez choisir de l'appliquer à la lettre ou juste de vous en inspirer.

I-3-C-a Le matériel pour le rituel

Les bougies

Pour les bougies, il y a plusieurs possibilités, comme toujours. Vous pouvez choisir d'acquérir une bougie spécifique dédiée à Lilith. Cela dit, vous pouvez aussi, et c'est recommandé dans tous les cas, utiliser des bougies de couleur blanche et noire. Effectivement, cela symbolise plusieurs choses, comme la dualité, mais pas seulement. En magie, le blanc symbolise la protection, mais il peut aussi servir de substitut à n'importe quelle autre bougie colorée. En cela, c'est l'équivalent du cristal de roche pour les pierres. Quant au noir, il symbolise la purification, les malédictions que l'on jette, mais aussi celles dont on se libère. Si le fait d'acquérir une bougie colorée vous pose problème, vous pouvez prendre un simple chauffe-plat, mais, dans ce cas, cela peut être intéressant de symboliser le noir et le blanc par un élément de décoration sur l'autel ou la table où vous pratiquez votre rituel. Cela peut aussi se traduire par les vêtements que vous portez. Il existe encore une alternative. Vous pouvez créer votre propre bougie, si vous souhaitez que votre créativité s'exprime par ce biais. Dans ce cas, vous pouvez vous référer à la partie II-C-2 ou lire des livres pour créer ses bougies, regarder des tutoriels sur YouTube et ajouter au sein de la bougie un colorant rouge ou noir ainsi que des herbes liées à l'apaisement et l'acceptation, comme la verveine, l'achillée millefeuille et la lavande. Vous pouvez aussi ajouter un cristal ou deux à l'intérieur, cristaux que nous allons voir sans plus attendre.

Les cristaux

Pour faire un *shadow work*, vous pouvez travailler avec des pierres noires comme l'obsidienne ou mauves comme l'améthyste, l'eudialyte ou la charoïte, qui sont liées à la purification, à la transmutation et au deuil, mais n'oublions pas qu'il s'agit d'un charme d'acceptation de soi. Vous pouvez ainsi travailler avec des pierres roses ou vertes liées à la guérison comme le quartz rose ou la malachite. Ainsi, il peut être intéressant de combiner une pierre avec des énergies lourdes, dans des couleurs sombres, avec une pierre qui possède des énergies douces, dans des teintes pastel.

I-3-C-b La formule magique

Bien sûr, vous pouvez créer votre propre formule. C'est même vivement encouragé, particulièrement si vous aimez écrire ou si vous avez des prédispositions aux rimes, qui sont effectivement faciles à retenir, sans obligation d'élaborer des alexandrins. Pour pratiquer plus aisément l'écriture intuitive et trouver les mots justes, vous pouvez expérimenter ce que Christopher Penzack appelle la « purge » dans son ouvrage *La prospérité de la sorcière*. Il s'agit d'une pratique consistant à faire un tri monumental dans ses affaires, notamment les livres et les jeux de cartes, en étant très honnête sur ce qui vous est réellement utile et ce qui vous tient vraiment à cœur, afin de revoir vos habitudes de consommation. Cet allégement du poids matériel a pu provoquer comme effet le développement de facultés comme celle de canaliser des poèmes intuitifs. Ici, on vous propose un exemple de formule versifiée dans cette dynamique, que vous pouvez reprendre pour votre rituel si vous ne souhaitez pas créer la vôtre.

> Je demande à Lilith
> De m'aider à faire fi
> Des limites
> Posées par mes ennemis
> Pour que la lune noire
> M'éclaire
> Dans le couloir
> Où je persévère
> Vers l'espoir.

Dans tous les cas, quand vous avez défini la formule que vous souhaitez utiliser, vous pouvez vous entraîner à utiliser votre voix magique.

I-3-C-c Les pierres roulées

Ce n'est pas obligatoire, mais pour tracer votre cercle, vous pouvez utiliser des pierres roulées, comme l'obsidienne qui protège et purifie à la fois.

I-3-C-d Les encens

Pour travailler sur la libération de vos peurs, vous pouvez utiliser du benjoin de Siam ou de la sandaraque. Il faut savoir qu'au niveau des encens, pour être sûr de ne pas se tromper et d'avoir un encens de qualité (l'odeur permet de s'en rendre compte très vite), il est préférable d'en commander dans une herboristerie ou une parfumerie. Le site Arboressence est très bien pour cela. Il y a une autre alternative, utiliser des plantes apaisantes comme la lavande ou la verveine.

I-3-C-e La voix magique

Dans ses stages, Vincent Lauvergne aborde la thématique de la voix magique, qui est liée à la respiration par le ventre. Il propose un entraînement respiratoire dans ses livres *La magie tellurique* et *La magie des égrégores*. On peut aussi vous conseiller, lorsque vous respirez par le ventre et que vous expirez pour projeter votre intention, d'imaginer une boule d'énergie que vous faites vibrer et remonter dans votre gorge pour l'envoyer à la personne à qui vous l'adressez ou à l'entité que vous invoquez. La pratique théâtrale est un immense atout pour cultiver sa voix magique. Si vous ne souhaitez pas faire de théâtre ou éventuellement du chant, n'hésitez pas à regarder des vidéos de performances vocales.

I-4-C-d Le processus de l'acte magique

Dans un premier temps, vous pouvez aménager votre autel ou votre table, en tout cas l'espace où vous posez votre acte magique. Allumez les bougies dédiées. En utilisant votre voix magique, affirmez la phrase « Je crée le cercle » et commencez à déposer les pierres roulées autour de votre espace, à moins que vous ne préfériez le saupoudrer de sel ou marcher en faisant brûler prudemment un peu de sauge. Il y a plein de possibilités. Ensuite, vous pouvez vous placer face à l'autel, assis ou debout, fermer les yeux et respirer profondément trois fois en imaginant que des racines partent de vos pieds pour s'enfoncer dans le sol. Récitez la phrase suivante :

« Dans l'amour et la lumière (x3), je crée une bulle de protection autour de moi et j'ouvre la voie vers un autre espace-temps. »

Prenez le temps d'écouter vos ressentis. Affirmez ensuite « J'invoque Lilith ! » Soyez de nouveau attentifs à ce que cela suscite en vous. À présent, récitez la formule magique proposée en partie I-3-C-b une, deux ou trois fois, selon vos ressentis. Prenez le temps d'écouter vos ressentis une nouvelle fois, regardez la flamme de la bougie, voir si elle vous attire, ou fermez les yeux et laissez vagabonder votre imagination en repensant à des moments ou vous avez pu vous sentir bien ou apaisé. Quand vous vous sentez prêts, affirmez « Je remercie Lilith de m'avoir accompagné jusqu'ici et je la congédie ». Ensuite, énoncez clairement la phrase « Je ferme le cercle » et vous pouvez ranger les pierres roulées ou nettoyer le sel, selon ce que vous avez choisi de mettre en place. Si vous vous sentez bien après le rituel, comme si vous aviez créé quelque chose de concret dont vous êtes fiers, c'est un excellent signe. En revanche, si vous vous sentez en colère ou triste, ne vous inquiétez pas, c'est normal que cet exercice fasse remonter ce genre d'émotions en vous.

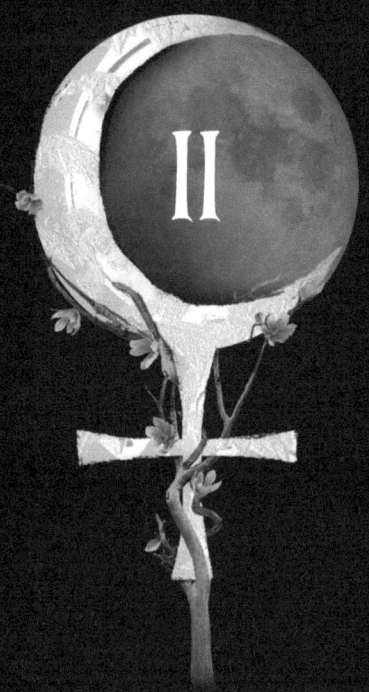

Ciblez votre point d'affirmation.

II-1 Localisez votre point d'affirmation en conscience

Nous avons commencé par le nœud du problème, sa racine. Le fait d'avoir identifié et nettoyé certains aspects liés à vos peurs vous a probablement ouvert des perspectives. Le processus de libération, l'activité créative et le rituel ont probablement généré des avancées, même si elles vous paraissent infimes. Pour aborder cette deuxième étape du parcours, prenez votre temps. Vous pouvez enchaîner juste après l'étape précédente, mais il vaut mieux laisser un minimum de temps passer, entre une semaine et un mois et demi, pour lâcher prise sur ce que vous avez entrepris auparavant.

À présent, on va pouvoir observer un effet semblable à celui de la personne qui donne un coup de pied au fond de l'eau pour remonter. Après être allé explorer le cœur du problème, votre enfer personnel, vous allez rebondir sur votre point d'affirmation. En astrologie, il représente cet endroit de votre thème qui se trouve à trois signes de celui où est située la lune noire. Il peut représenter l'énergie vers laquelle vous allez quand vous ressentez le besoin d'exprimer votre ras-le-bol, que ce soit par rapport à une situation précise, un type de situation ou la vie en général. On verra plus tard dans le programme comment rééquilibrer cette colère et trouver le juste milieu.

Ici, l'objectif est d'accueillir et de mieux comprendre votre colère. Pour commencer, vous allez amorcer cette problématique en conscience, même si cela risque justement de faire remonter des émotions négatives. Surtout, déculpabilisez, c'est normal et légitime. Pour commencer, vous allez noter la dernière situation qui vous a énervé, puis des situations qui vous ont mis en colère quand vous étiez petit et dont vous vous souvenez encore. Vous allez aussi identifier ce qui déclenche ces souvenirs désagréables. Cela peut être des activités rébarbatives, comme le fait de faire la vaisselle. Essayez de répertorier quatre ou cinq souvenirs qui font remonter la colère en vous. N'oubliez surtout pas qu'il ne faut pas diaboliser la colère. Bien souvent, elle permet d'identifier certains liens d'emprise et de s'en libérer, car on se rend compte qu'un seuil de tolérance a été franchi. Pour mieux comprendre votre colère et tirer parti de ses bons aspects, vous allez pouvoir faire le tirage de la colère libératrice.

II-2 Le tirage de la colère libératrice

Quand vous ferez ce tirage, cela risque de raviver votre colère, justement. Encore une fois, ce n'est pas un problème. Même si cela peut avoir des répercussions un peu compliquées à gérer, on ne fait pas d'omelettes sans casser des œufs. Par ailleurs, comprendre cette colère vous permettra aussi de l'utiliser à bon escient et de la dépasser. Vous pouvez ainsi interroger le tarot sur ces cinq questions.

1 - Quelle est la principale source de ma colère ?
2 - De quoi me libère-t-elle ?
3 - Comment puis-je la canaliser ?
4 - Quelles actions puis-je mettre en place à partir de là ?
5 - Quelles avancées ces actions vont-elles

générer dans ma vie ?

Nous allons reprendre chaque question une par une pour que vous puissiez mieux appréhender l'interprétation.

II-1 Quelle est la principale source de ma colère ?

Souvent, la lame qui s'offre à vous peut vous surprendre lorsque vous la désignez. C'est très bien si cela vous déstabilise un peu, car cela peut vous amener à vous interroger, à voir les choses sous un autre angle… et donc à prendre de la hauteur. Dans le cas contraire, si la carte vous confirme ce que vous saviez déjà, c'est tout aussi bien. Cela vous redonne confiance en vous et votre intuition, ce qui est optimal dans un tirage sur l'affirmation de soi.

II-2 De quoi me libère-t-elle ?

Comme la première réponse peut faire ressortir des émotions désagréables, la deuxième peut vous permettre de déculpabiliser. Si la réponse apparaît comme une confirmation de ce que vous aviez déjà identifié ou pressenti, cela devrait vous permettre de mieux explorer cette libération pour en dépasser les aspects inconfortables. Si la réponse vous surprend, elle vous permettra de voir les choses sous un autre angle et de prendre beaucoup de hauteur par la même occasion.

II-3 Comment puis-je la canaliser ?

La réponse peut aussi bien vous faire plaisir que vous amener à sortir de votre zone de confort. Bien sûr, vous n'êtes obligés de rien. Souvent, quand on relit ses tirages après un certain temps, on se rend compte qu'on a finalement appliqué ses conseils sans forcer le processus ou sans même s'en rendre compte. Par ailleurs, on le fait très souvent d'une manière différente de ce qu'on imaginait lors de la première interprétation… mais cela se recoupe quand même. Cela dit, n'oubliez pas que sortir de sa zone de confort n'est pas forcément lié à quelque chose de désagréable et contraignant. Cela peut parfois correspondre à quelque chose qu'on a envie de faire mais qu'on n'ose pas réaliser. Or, cette nouveauté est souvent très stimulante.

Prenez l'exemple d'un artiste. Il écrit depuis dix ans et il a envie d'apprendre la couture. Il peut être amené à se dire « j'écris, je suis déjà un artiste accompli qui maîtrise bien son domaine, et la couture, ce n'est pas pour moi, je suis très maladroit de mes mains ». Eh bien, peut-être que le jour où il va s'inscrire à un cours de couture, il va trouver cela d'une facilité déconcertante, pour peu qu'il tombe sur un prof bienveillant. Il va alors développer des capacités concrètes et une intelligence pratique qui lui permettront de rééquilibrer une forte activité cérébrale liée à l'écriture. Dans tous les cas, si on vous propose un autre angle d'approche, ne vous inquiétez pas trop. Il ne s'agit pas d'interférer avec votre intégrité ou de vous mettre mal à l'aise.

II-4 Quelles actions puis-je mettre en place à partir de cette colère ?

Cette partie a pour avantage de faire émerger des pistes concrètes pour dépasser le blocage lié à cette colère et aller vers plus d'apaisement par la suite. Si les réponses vous paraissent troubles sur le moment, pas d'inquiétude. Encore une fois, cela peut très bien faire son chemin. De toute façon, le processus d'affirmation comporte lui-même des pistes d'actions, donc vous ne serez pas restés sans rien faire, quoi qu'il arrive.

II-5 Quelles avancées ces actions vont-elles faire émerger dans votre vie ?

Cette question, qui clôt le tirage, va vous aider à rester motivés et à garder la foi. Effectivement, quand on relit ses tirages quelques semaines ou quelques mois plus tard, on se rend compte que les conseils et prédictions ont pris tout leur sens. Ainsi, avoir des perspectives d'évolution à court ou moyen terme va vous permettre non seulement de garder espoir, mais d'avancer. Même s'il n'est pas question de promesses miraculeuses avec ce programme, vous pourrez avoir des révélations étonnantes. Vous pourrez constater que ce qui vous maintenait dans une situation engluée n'est pas du tout ce que vous aviez suspecté. Pourtant, vous aurez la capacité d'y renoncer sans regret, sans le vivre comme un sacrifice.

II-3 Processus d'affirmation

II-3-A L'activité créative

L'activité proposée est vraiment bateau, mais, en même temps, elle est simple et vous ne la remettrez pas à plus tard. Écoutez de la musique rythmée, voire endiablée, comme *Killing The Name* de Rage Against The Machine. Même si cela amplifie votre colère sur le moment, repensez à ce qui vous a énervés et relisez éventuellement votre tirage. Cela vous confortera dans ce que vous ne voulez plus accepter.

II-3-B La pratique magique – Le sort du Brise-Verrou

II-3-B-a Fabrication d'une bougie Brise-Verrou

La pratique magique proposée ici est assez différente de celle qui a été détaillée en première partie. Pourtant, elle a fait ses preuves à court terme. Finalement, cela reste tout aussi créatif que le fait d'écouter de la musique, mais cette fois-ci, vous allez vraiment mettre la main à la pâte. Nous avons amorcé la possibilité de fabriquer une bougie dans la première partie, mais de manière assez superficielle. Ici, nous allons nous concentrer sur la fabrication d'une bougie Brise-Verrou. Il est vivement recommandé d'appliquer soi-même le processus créatif, car il joue aussi un rôle puissant dans la reprogrammation de l'inconscient. Cela dit, si vous ne le pouvez vraiment pas, il vous est possible d'acheter une bougie Blockbuster dans un commerce local ou sur la boutique en ligne d'un pratiquant du hoodoo.

Voici une proposition de recette pour laquelle nous allons ensuite donner des précisions et des explications.

Outils et ingrédients

Un contenant en verre
Une mèche
De la cire de soja
Trois gouttes d'un colorant mauve
Une goutte d'un colorant noir
Une goutte d'huile d'angélique
Une goutte de propolis
Une cuillère à soupe d'achillée millefeuille

La cire

Pour cette recette, il est vivement recommandé d'utiliser de la cire végétale, notamment de la cire de soja. Elle est plus écologique que la paraffine et brûle plus rapidement. Par ailleurs, elle présente comme avantage de donner lieu à une lecture divinatoire liée aux symboles que vous voyez dans la cire, ce que l'on appelle la kéromancie. Ceci dit, ce n'est pas indispensable, ici. Comme la cire de soja est de consistance moins solide que la paraffine, prévoyez un contenant en verre.

Le contenant

Pour le contenant, vous avez plusieurs possibilités. Vous pouvez prendre un pot de petite taille, pour laisser la bougie brûler une nuit ou une journée. Sinon, vous pouvez en commander une chez un grossiste des contenants pour des 7 days candles. Par contre, si vous ne souhaitez pas en produire beaucoup, mieux vaut trouver des alternatives comme le fait de conserver un pot de Nescafé en verre vide et nettoyé. Par ailleurs, les 7 days candles ne portent plus très bien leur nom, car la taille des contenants traditionnels a changé, justement, si bien qu'elles brûlent en réalité pendant trois à cinq jours au lieu de sept.

La mèche

Vous pouvez trouver des kits avec des mèches de différentes tailles et un objet en métal qui sert à maintenir la mèche en question plus droite quand vous versez la cire à l'intérieur. Dans le cas d'une 7 days candle, c'est assez complexe, parce que la mèche a tendance à se courber et la flamme peut effleurer le verre, si bien qu'il ne faut pas hésiter à retourner la mèche plusieurs fois dans le contenant pour mieux ajuster sa pose ou enfoncer la mèche une fois que la cire a partiellement durci.

Les colorants

Concernant les colorants, vous pouvez travailler avec les couleurs noir et violet. Effectivement, ce sont les couleurs de Saturne. D'un point de vue magique, les énergies planétaires de Saturne permettent de travailler sur le karma et le deuil, deux notions qui correspondent bien à Lilith également. Ces notions sont donc tout à fait compatibles avec celles de la libération des blocages et du fait de franchir un cap. En outre, Saturne est rattachée à la notion d'enfermement, de limites et de frustration, donc il semble judicieux de soigner le mal par le mal et d'apprendre à mieux gérer ces problématiques, justement. D'un point de vue purement technique, vous pouvez être tentés d'utiliser des colorants alimentaires, mais très honnêtement, le rendu visuel ne sera pas top, ce qui est dommage. Effectivement, le fait de contempler une bougie aux belles couleurs bien vives permet à la magie de mieux opérer par le biais des émotions que cela suscite.

Les huiles et les plantes

Avant de vous pencher sur les huiles et les plantes, n'oubliez pas que vous pouvez substituer une huile par une plante à l'état pur ou l'inverse. Toutefois, évitez de charger la bougie avec trop d'herbes, parce que cela peut présenter des risques matériels, à moins que la bougie ne s'éteigne au bout de dix minutes de combustion. Pour cette raison, mieux vaut privilégier les petites doses.

L'angélique

Nous avons décidé d'incorporer de l'angélique à cette recette pour plusieurs raisons. Pour commencer, cette plante se rattache non pas à Saturne... mais au Soleil, ce qui est tout aussi bien. Effectivement, nous avons vu que la lune noire correspondait à l'endroit de notre thème astral où on brille le plus et où l'on s'est perdu par le passé… ce qui nous rappelle le mythe d'Icare, qui s'est brûlé les ailes en approchant du soleil, ébloui par sa beauté. Par ailleurs, le Soleil est un astre lumineux, il est lié à la symbolique de la réussite. Ainsi, on peut trouver judicieux de concilier deux polarités différentes. Non seulement on soigne le mal par le mal avec les énergies de Saturne… mais on termine le processus par une touche positive, à l'image d'un conte de fées où le prince reprend sa belle apparence au moment même où le sort qui l'avait transformé en monstre ou crapaud est conjuré. Par ailleurs, l'angélique est fréquemment utilisée pour se protéger d'envoûtements, pour la guérison et le repoussement des maléfices.

La propolis

Nous avons choisi d'utiliser de la propolis parce que cette essence est liée au Capricorne… or le Capricorne est régi par Saturne, ce qui nous ramène à cette énergie de libération. Par ailleurs, le Capricorne symbolise la persévérance.

L'achillée millefeuille

Nous avons opté pour l'achillée millefeuille dans notre préparation parce qu'il s'agit d'une plante de protection contre les maléfices.

Le moment idéal pour concevoir cette bougie :

Il est vivement recommandé de fabriquer la bougie Brise-Verrou le samedi, car c'est le jour planétaire de Saturne, si bien que cela favorise ses énergies. Pour rendre la préparation vraiment optimale, choisissez la bonne heure planétaire. Le samedi, les heures planétaires de Saturne sont 1 h, 7 h, 14 h et 21 h, donc à vous de choisir l'heure, non seulement en fonction de votre disponibilité, mais aussi de votre forme physique et psychologique. Effectivement, dans un processus créatif, et plus particulièrement en magie, il vaut mieux ne pas se forcer à fabriquer un produit lorsqu'on est épuisé ou démotivé. En effet, la qualité du produit en question risque d'en pâtir, ainsi que son efficacité magique.

Conseils pratiques pour la préparation

Vous pouvez bien sûr regarder des tutoriels ou lire des livres de recettes dédiés aux bougies, mais voici quelques pistes. Pour faire fondre la cire, vous pouvez utiliser le bain-marie pour des mesures plus sécuritaires. Une fois fondue, vous pouvez la mettre dans une verseuse que vous ne consacrerez qu'à la fabrication de bougie. Ajoutez les colorants et le reste de la préparation, puis mélangez… avant de verser le tout dans le contenant. Lorsque la bougie aura durci, un trou se sera formé près de la mèche. Refaites fondre un peu de cire que vous mélangerez avec un peu de colorant, versez-la dans le trou pour la reboucher et attendez que cela fonde à nouveau.

Nous allons maintenant voir comment vous pouvez choisir votre contenant en fonction de vos attentes ou de ce qui vous met le plus à l'aise.

Comment choisir son contenant

Il y a plusieurs possibilités. Vous pouvez choisir un contenant de petite taille pour faire couler à l'intérieur une bougie qui brûlera pendant quinze heures d'affilée. Vous pouvez aussi choisir un contenant pour 7 days candles, pour laisser la bougie brûler pendant trois à cinq jours. Les avantages de la première option sont liés à des mesures sécuritaires et pratiques. Il est moins risqué de laisser la bougie brûler sans s'arrêter pendant quinze heures que pendant cinq jours, par exemple. Dans un cas comme dans l'autre, par mesure de précaution, mettez la bougie dans une assiette creuse, avec de l'eau à l'intérieur, que vous poserez dans l'évier. Si vraiment vous n'êtes pas rassurés, utilisez un éteignoir et dites « Je remercie les esprits pour le travail déjà accompli » puis rallumez la bougie quand ce n'est pas une source d'inquiétude pour vous. Vous pouvez aussi fabriquer trois bougies de petite taille et les faire brûler chacune à une semaine d'intervalle. Cela permet de respecter un cycle de vingt et un jours ainsi qu'un rythme ternaire.

Le jour d'utilisation de la bougie

Vous pourriez être tentés d'utiliser la bougie un samedi, comme le jour où vous l'avez fabriquée.

En réalité, ce n'est pas obligatoire. Vous pouvez l'utiliser un dimanche ou un lundi, ou mieux, la nuit du dimanche au lundi, avec les mesures de précaution mentionnées précédemment. En effet, cela permet de pratiquer le rituel entre un jour solaire et un jour lunaire, ce qui est adéquat par rapport à Lilith.

Comment activer la bougie

Pour activer les fonctions magiques de la bougie, vous pouvez réciter une formule de votre choix pendant sa préparation. Si vous ne vous sentez pas inspirés pour créer la vôtre, en voici une :

Bougie, jolie bougie
Confère ton énergie
Et ta magie
À ceux et celles qui t'utilisent
Pour que les maléfices
Qu'ils subissent
Se brisent
Détruis leurs obstacles
Et offre-leur des miracles.

Alternatives

Comme toujours, ces indications sont là pour vous inspirer, vous donner des idées créatives. Si vous vous sentez inquiets à l'idée de travailler avec la magie du feu, vous pouvez aussi créer un pochon avec les herbes indiquées dans la recette, par exemple.

Quand vous aurez travaillé sur votre point d'affirmation, vous pourrez, toujours à votre rythme, aborder votre point de soumission… pour mieux le contourner.

Contournez votre point de soumission.

III-1 Pourquoi cela est-il désagréable ?

Cette partie du travail est peut-être la moins inspirante du programme, et pourtant, elle est centrale. Effectivement, il est question d'observer un domaine où l'on est faible, ce qui est moins stimulant que le reste et peut se révéler démoralisant. Par ailleurs, le tirage de cartes que vous allez faire pour mieux identifier ce point de soumission peut révéler un aspect de votre vie qui vous tient à cœur, et c'est difficile à admettre. Pas de panique, encore une fois. Il n'est pas question de renoncer à ce que vous aimez, mais à quelque chose d'illusoire qui prend l'apparence de ce que vous aimez. Par exemple, admettons que vous aimiez par-dessus tout étudier l'astrologie. Le tirage ne vous demandera pas d'y renoncer, mais peut-être mettra-t-il en relief un professeur qui a une approche peu adéquate, voire néfaste. Peut-être annonce-t-il sans complexe à ses élèves que leurs enfants vont mourir jeunes ou d'autres horreurs qui restent à vérifier et ne prendra-t-il pas de gants pour le dire. Comme vous êtes passionnés d'astrologie et que certains éléments de son enseignement sont enrichissants, vous laissez passer son comportement qui va à l'encontre d'une certaine éthique. Contourner le point de soumission consistera à cesser de suivre des cours avec cette personne pour trouver soit un nouveau professeur, bienveillant cette fois-ci, à moins de continuer à étudier en autodidacte grâce à des livres. N'oubliez pas que les cartes sont à nuancer dans l'interprétation et que les messages font très souvent leur chemin en douceur.

III-2 Tirage du piège à localiser

Comme toujours, nous allons détailler chacune des questions du tirage pour vous permettre de mieux les interpréter, même si cela va de plus en plus vite au fur et à mesure que vous avancez dans le parcours.

1 - Qui interfère avec mes décisions ?
2 - Pourquoi est-ce que je plie face à ces personnes ?
3 - Comment retrouver mon pouvoir ?

4 - Comment tenir ces personnes à distance ?
5 - Comment éviter d'aller encore et toujours à leur rencontre ?

1 - Qui interfère avec mes décisions ?

Si vous tombez sur des arcanes majeurs ou des personnages de cour, l'identification est généralement plus évidente que si vous désignez une lame correspondant à la suite des mineures du tarot, surtout si vous utilisez un tarot de Marseille, qui reprend des symboles, plutôt qu'un Rider Waite Smith, qui illustre des scènes plus réalistes. Pour autant, cela renvoie quand même à des situations de la vie de tous les jours, donc, de manière indirecte, à des personnes. Or s'interroger là-dessus est tout aussi enrichissant. En effet, cela renvoie à des scènes de la vie quotidienne, donc à des éléments, des habitudes ancrées dans votre vie, qui peuvent s'avérer complexes à revoir… mais le seul fait de les remettre en perspective est en soi le premier pas vers le changement.

2 - Pourquoi est-ce que je plie face à ces personnes ?

La carte retournée peut vous mettre mal à l'aise. Effectivement, il y a des chances pour que vous soyez déjà conscient, du moins en partie, de la réponse. Par exemple, si la personne qui est ressortie dans la lame précédente est votre mère ou votre père, selon votre situation, peut-être que cette personne vous soutient financièrement et qu'il est difficile de renoncer à ce soutien alors que vous êtes en difficulté. Justement, n'oublions pas que dans ce programme, rien ne presse. Par ailleurs, suite à ce tirage, vous n'arriverez peut-être pas à retrouver votre autonomie financière. Par contre, il y a de fortes chances pour que vous parveniez à comprendre pourquoi vous n'arrivez pas à l'atteindre, comme l'élément déclencheur de vos dépenses compulsives, à moins que vous ne trouviez des pistes concrètes pour mieux gagner votre vie, là où, auparavant, vous tourniez en rond.

3 - Comment retrouver mon pouvoir ?

Normalement, la précédente interrogation permet déjà d'amorcer la réponse à cette question, mais la lame que vous retournerez ici va vous donner des éléments complémentaires pour avancer. Même si cela vous paraît difficilement réalisable sur le moment, vous serez amenés à comprendre successivement de petites choses qui vous permettront de prendre le chemin qui mènera à l'action proposée, sans vraiment vous en rendre compte. Si on reprend l'exemple de la dépendance financière liée à vos parents, vous comprendrez peut-être que vous êtes influencés par un ou plusieurs gourous de la spiritualité qui vous incitent à dépenser votre argent de manière stérile, à moins que ces personnes ne sabordent votre confiance en vous et ne compliquent votre réussite professionnelle par ce biais. Ainsi, il est possible qu'un point de soumission non identifié au premier abord soit imbriqué dans celui qui vous pose actuellement question et que vous arriviez à vous en libérer dans un avenir pas si lointain. Cela vous permettra, ensuite, de mieux gérer la problématique des finances et de la dépendance parentale.

4 - Comment tenir ces personnes à distance ?

Il y a deux cas de figure possibles. Soit

le conseil délivré par les cartes vous paraît compliqué à mettre en place, soit, au contraire, cela peut vous paraître étonnamment simple. Dans le premier cas, n'oubliez pas ce qui a été dit précédemment. Vous pouvez être amenés à poser une action qui débloquera celle dont vous ne vous sentez pas capable actuellement. Dans le second cas, il peut s'agir de ce premier pas qui déclenchera un effet domino vertueux.

5 - Comment éviter d'aller encore et toujours à leur rencontre ?

Cette question peut paraître redondante par rapport à la précédente. Pourtant, elle est nécessaire pour consolider le processus de déblocage et pour mieux vous préparer à contourner le même type de personnes, qui peut se présenter de nouveau sur votre chemin et vous donner l'impression que la spirale infernale perdure. Par rapport à vos schémas répétitifs, il est très important de vous montrer indulgent envers vous-même, mais cela ne doit pas vous empêcher d'observer les similitudes de votre propre comportement à chaque fois, sans porter de jugement de valeur. Cela vous aidera à le réajuster en douceur pour dénouer cet engrenage. Par ailleurs, il est possible qu'au fil du programme, vous vous détachiez de personnes qui vous tiraient vers le bas. Par exemple, si votre relation avec vos parents est compliquée, peut-être que tourner le dos à d'autres personnes vous permettra, non pas de couper les liens avec vos parents, mais d'avoir des relations plus saines et plus équilibrées avec ces derniers. Ainsi, vous les appellerez moins, mais les échanges seront plus légers et agréables. Le processus de libération devrait générer un apaisement et vous éloigner naturellement de votre point de soumission... jusqu'au déclic qui permet de le consolider.

III-3 Le processus de libération

III-3-A La technique des bonshommes allumettes

Cette technique est très répandue et conseillée, avec des résultats plus ou moins concluants selon les personnes qui l'appliquent. Il n'est pas question ici de la recracher, mais de proposer une variante, suggérée par le heilpratiker Alain Moreau. Plutôt que de dessiner les personnages dans des bulles séparées, on va les relier par un huit horizontal, le symbole de l'infini.

Pour commencer, prenez une feuille sous format paysage. À gauche de la feuille, dessinez-vous sous forme de bonhomme bâton, avec votre prénom et nom au-dessus de votre silhouette. À droite de la feuille, dessinez la personne identifiée dans le tirage de la même manière, avec son nom au-dessus de sa tête. Dans le cas d'une situation, écrivez la situation dans un rectangle vertical. S'il s'agit de vos parents ou d'un couple, vous pouvez les dessiner tous les deux en les reliant eux-mêmes par un huit horizontal… dont vous couperez aussi le lien à la fin, pour prendre conscience qu'il s'agit de deux individus à part entière.

À présent, vous allez vous englober dans le huit horizontal, vous dans un segment, l'entité en face de vous dans l'autre segment. Dessinez des rayons qui partent du huit horizontal. Ensuite, tracez une bulle qui englobe le tout en ajoutant des rayons qui partent eux aussi de cette bulle. Quand vous avez fini, dessinez sur votre silhouette et l'entité qui vous fait face les sept chakras. Tissez un lien entre vos chakras respectifs. Prenez des ciseaux et coupez les liens au niveau du huit horizontal. À ce moment-là, soyez à l'écoute de vos ressentis. Cela peut se manifester par des picotements, une libération respiratoire ou, par exemple, de la tension qui se relâche.

Il n'est pas rare de devoir répéter cette technique plusieurs jours d'affilée. Pour connaître le nombre de fois où vous devez la mettre en pratique, vous pouvez interroger le pendule ou un jeu de trente-deux cartes.

III-3-B Le talisman anti-addictions

Afin de mieux vous détacher de personnes, de situations ou de schémas toxiques pour vous, nous allons vous proposer la fabrication d'un talisman anti-addictions, que vous serez ensuite amenés à consacrer. Pour cela, nous allons détailler le processus étape par étape.

Le matériel

Pour fabriquer ce type de talisman, vous aurez besoin d'un certain matériel.

Un cahier ou une feuille de brouillon
Un crayon à papier
Une feuille de parchemin végétal
Un feutre à encre de Chine
Des crayons de couleur OU des encres végétales

Il est recommandé de faire un premier essai au brouillon, d'autant que le talisman se construit en plusieurs étapes. Comme toujours, l'enjeu est de vous donner des idées en présentant un exemple de talisman qui a lui-même fait ses preuves, en procédant étape par étape, d'abord par le biais d'éléments séparés, que vous réunirez pour former la composition finale.

L'intention

L'intention doit être formulée sous la forme d'une phrase simple et affirmative, pour être enregistrée de manière efficace par l'inconscient. En l'occurrence, pour se libérer de ses addictions, on ne dira pas « Je ne suis plus accro » mais « Je suis libre ». Ainsi, vous pouvez écrire la phrase JE SUIS LIBRE au brouillon. Vous allez ensuite transformer cette phrase en sigil. Pour cela, il est préférable de la réduire en ne retenant que les consonnes, en retirant les doublons. Cela donne JSLBR. Ensuite, vous allez pouvoir vous baser sur le tableau des différents alphabets magiques que vous pourrez trouver dans *la Philosophie Occulte* d'Henri Corneille Agrippa pour retranscrire ces lettres dans l'alphabet de votre choix et les entrelacer afin de former un sigil.

Votre identité

Il est important d'ajouter votre nom, prénom et votre date de naissance pour vous identifier de manière assez précise sur le talisman. Vous allez pouvoir reprendre le même procédé pour votre nom et prénom que pour l'intention, en ne retenant que les consonnes et en les retranscrivant dans un alphabet magique. Vous pourrez faire de même avec les chiffres de votre date de naissance, en les faisant partir du bas vers le haut pour favoriser le processus d'élévation.

La géométrie sacrée

Ce type de talisman est protégé par un double cercle qui forme un sceau, et un septagramme pour symboliser le chiffre sept, chiffre de la chance, de l'harmonie, de l'élévation et de la réussite.

L'illustration parlante

Dans un talisman, on doit aussi intégrer une illustration qui est comprise par notre cerveau, de manière simple et accessible. Dans le cas de ce sort anti-addictions, on peut choisir de dessiner une seringue brisée. Si vous avez des difficultés à dessiner, ce n'est pas très grave, mais regardez quand même des photos pour vous servir de modèle afin d'avoir un rendu esthétique assez agréable.

La composition finale

Une fois que vous avez conçu tous ces éléments séparément, vous pouvez les agencer ensemble en intégrant chaque symbole à l'intérieur du double cercle. Faites d'abord un ou plusieurs essais au brouillon. Quand vous serez sûrs de vous et satisfaits, vous pourrez réaliser le crayonné sur la feuille de parchemin végétal, que vous repasserez à l'encre de Chine. Vous ajouterez également les couleurs rouge et violet, qui sont les couleurs attribuées respectivement à Mars et Saturne. En effet, Mars est lié à la notion d'affirmation de soi et Saturne est liée à la notion de deuil. Vous pourrez ainsi ajouter les symboles qui correspondent à ces planètes dans le double cercle, ainsi que le signe du Bélier, qui gère la maison de l'ascendant en astrologie, autrement dit le « moi », et le signe du Capricorne, qui représente la maîtrise et les limites. Par ailleurs, les deux sont régis respectivement par Mars et Saturne.

La consécration

Afin de donner toute sa puissance au talisman, vous allez accomplir un rituel de consécration.

Privilégiez le mardi, jour de Mars, à 1 h, 7 h, 14 h ou 21 h, pour respecter l'énergie planétaire de l'affirmation de soi et du libre arbitre.

Pour cela, vous aurez besoin d'un peu de matériel :

Une coupelle d'eau
Un encens
Une bougie chauffe-plat
Votre talisman

Vous n'avez pas besoin de réaliser un rituel complexe pour la consécration. Par contre, vous pouvez ouvrir et fermer le cercle de la même manière que pour le rituel vu en première partie. Cependant, vous invoquerez et révoquerez Mars au lieu de Lilith, cette fois-ci. Avant de consacrer le talisman en lui-même, vous consacrerez les outils du rituel séparément. Pour cela, vous réciterez la formule suivante :

Je consacre l'élément feu pour cesser l'auto-sabotage épineux

Je consacre l'encens pour m'affranchir de la dépendance

Je consacre l'eau pour me tirer moi-même vers

le haut.

Ensuite, passez votre talisman au-dessus de la bougie, en veillant à ne pas le brûler, et déclamez :

Je te consacre par le feu pour cesser l'auto-sabotage épineux.

Saupoudrez-le d'encens et affirmez :

Je te consacre par l'encens pour m'affranchir de la dépendance

Aspergez-le de quelques gouttes d'eau et concluez :

Je te consacre par l'eau pour me tirer moi-même vers le haut.

Ensuite, vous pouvez fermer le cercle en proclamant : « Je te remercie, Mars, de m'avoir accompagné jusqu'ici et je te congédie ! »

Prenez un moment pour apprécier la sensation d'accomplissement liée à ce que vous venez de faire. Dans les jours et semaines à venir, prêtez attention à ce qui vous agace, ce qui vous vexe, ce qui est surmontable et ce qui, au contraire, ne passe plus. Cela vous donnera des éléments de compréhension sur les personnes et situations dont vous pouvez vous éloigner. Quand cela aura un peu décanté, vous pourrez passer à l'étape suivante, lancez-vous vers Priape pour retrouver votre équilibre.

LANCEZ-VOUS VERS PRIAPE

IV-1 Tendre vers le positif

À présent que nous nous sommes penchés sur les aspects négatifs que vous devez gérer, à savoir vos peurs, votre colère et ce qui vous rend impuissants, afin de pouvoir désamorcer ces aspects, nous allons remonter la pente ensemble. Pour cela, nous allons voir comment vous pouvez trouver votre équilibre et vous affranchir de vos peurs. L'idée est de triompher et d'en savourer les fruits, mais cela, nous le verrons en cinquième partie. Pour le moment, vous allez construire votre Priape. Priape correspond au point qui se trouve à l'opposé de la lune noire dans un thème, ce que l'on incarne temporairement pour finalement revenir vers sa lune noire, désormais rééquilibrée, sachant qu'elle correspond aussi à ce que l'on désire ardemment au fond de nous. Pour amorcer ce processus d'équilibre, nous allons effectuer le tirage du funambule.

IV-2 Le tirage du funambule

Comme à chaque étape de ce processus, nous

allons exposer les questions puis les reprendre une par une avec des pistes pour les aborder.

1 - Comment rester droit ?
2 - Quel est mon fil conducteur ?
3 - Comment m'y maintenir ?
4 - Ce qui m'attend sur l'autre rive ?
5 - Les bénéfices générés

1 - Comment rester droit ?

La lame que vous retournerez en réponse à cette question ne devrait pas être très inconfortable, car elle peut vous conforter dans ce qui vous tient à cœur. Même si vous êtes dans une situation où vous avez le sentiment de faire quelque chose de mal, elle peut vous aider soit à rectifier le tir… soit à vous autoriser plus de liberté en vous amenant à écouter votre cœur plutôt que votre raison, ce qui est aussi une très belle forme d'intégrité.

2 - Quel est mon fil conducteur ?

Cette lame peut vous rassurer, car, à ce stade du parcours, vous pouvez vous trouver en proie à de nombreux questionnements et vous sentir un peu perdu émotionnellement. Elle peut aussi vous rendre le chemin plus fluide, soit en accentuant un aspect de votre vie déjà présent, soit en enrichissant vos projets d'éléments supplémentaires à mettre en place.

3 - Comment m'y maintenir ?

Au fil de ce genre de cheminement personnel, vous serez sans doute confrontés à des imprévus très remuants qui peuvent vous amener à perdre l'équilibre et à renoncer temporairement à votre parcours... du moins, vous en avez l'impression. En réalité, ce n'est que partie remise, et vos expériences ne sont qu'un chemin de traverse. Même si vous avez un passage à vide, vous connaîtrez un regain et prendrez conscience du bon timing pour franchir la prochaine étape. Ainsi, la lame que vous retournerez à cet endroit pourra vous avertir de ce genre de complications, mais pourra aussi diffuser des informations en vous qui vous permettront de cultiver votre résilience pour garder le cap.

4 - Qu'est-ce qui m'attend sur l'autre rive ?

Si la carte retournée est positive, c'est parfait. Elle vous stimulera inconsciemment et vous aidera à poursuivre le parcours. Dans le cas contraire, si elle parle d'une expérience désagréable, non seulement cela reste constructif, mais n'oublions pas que le parcours n'est pas terminé. Il reste encore quelques épreuves avant votre *happy end*, quelle que soit sa nature et son ampleur. Souvent, les dernières sont les plus difficiles, un peu comme le climax d'un roman, quand le conflit atteint son paroxysme avant le dénouement.

5 - Les bénéfices générés

Une nouvelle fois, vous pouvez tomber sur une carte encourageante comme vous pouvez tomber sur une carte peu réjouissante. Dans tous les cas, vous pouvez nuancer l'interprétation en laissant parler votre intuition, laquelle s'est probablement aiguisée depuis le début du parcours.

IV-3 - Le processus de rééquilibrage

IV-3-A Peser le pour et le contre

Une nouvelle fois, l'activité proposée ici est vraiment bateau. Pourtant, non seulement elle est simple à réaliser, mais elle permettra de soulever des prises de conscience intéressantes. Par rapport à une question qui vous préoccupe, sans culpabilité qui tienne, dressez deux colonnes, une colonne pour et une colonne contre. Ensuite, listez les arguments dans chaque catégorie. Il ne s'agit pas de compter bêtement la quantité d'arguments dans chaque colonne, ce serait réducteur. En revanche, le simple fait de définir les arguments devrait vous amener à vous réconcilier avec vous-même. Quoi qu'il arrive, revenez dessus quelques semaines ou quelques mois plus tard, vous serez étonnés de voir la manière dont ils se sont réactualisés.

IV-3-B Le rituel du positionnement

Pour ce rituel, vous pouvez travailler avec les énergies du Taureau, qui est un signe fixe dans le zodiaque, ou du Capricorne, qui incarne la persévérance et l'endurance. Cela dit, vous pouvez aussi varier votre pratique et travailler avec une représentation de la corneille, dont l'énergie aide à se positionner. Il existe des bougies la représentant, mais vous pouvez très bien allumer un simple chauffe-plat et poser devant vous une illustration ou photographie de corneille. Pour les encens, vous pouvez utiliser de la manne et du benjoin de Sumatra, pour les bénéfices et la paix intérieure. Vous pouvez alors réciter la formule suivante :

J'obtiens ce que je veux
Mon cerveau cesse de faire des nœuds
Mon cœur sait le juste milieu
Et je remercie les cieux

La proposition de rituel est en l'occurrence plus courte et simple que les autres, mais elle donne tout autant de résultats. Elle peut donner lieu à une période d'événements remuants, de combattivité et de passages à vide, mais lorsque vous reprendrez pied, vous sentirez que le moment est venu pour l'étape finale... Regagner votre paradis.

V-1 Lilith et la Vierge Marie

Selon certains mythes, Lilith est aussi associée à une chèvre qui a chuté du haut d'une montagne. On l'appelle la licorne, si bien qu'elle est associée au Capricorne, qui chute pour mieux se relever. Pendant son parcours, la licorne voit une très belle femme et tombe sous son charme, si bien qu'elle choisit de se coucher sur ses genoux. Comme cette femme est en réalité la Vierge Marie, ce dénouement peut symboliser la réconciliation de Lilith avec le Paradis. Certains astrologues disent qu'elle a été domptée par une puissance supérieure. En l'occurrence, c'est vous qui allez incarner cette puissance vis-à-vis de votre Lilith et vous réconcilier avec elle, pour récupérer votre trône… c'est justement l'objet du tirage de cartes qui suit.

V-2 Le tirage du Trône récupéré

Peut-être avez-vous remarqué que les tirages

de cartes proposés dans les étapes précédentes comportaient chacun cinq questions. En numérologie, le chiffre cinq renvoie au changement. Par ailleurs, le programme de ce livre se découpe en cinq parties. Toutefois, pour dépasser le stade du changement et récolter des fruits plus palpables, fruits que vous pourrez apprécier, l'ultime tirage de ce programme comporte sept cartes.

1 - Qu'est-ce que mes chutes m'ont appris ?
2 - Comment me suis-je relevé ?
3 - Qu'est-ce que je peux faire pour me renforcer ?
4 - Quel est le boss final à affronter ?
5 - Comment le vaincre ?
6 - Quelle victoire m'attend ?
7 - Comment la maintenir durablement ?

1 - Qu'est-ce que mes chutes m'ont appris ?

Arrivé à ce stade du parcours, il y a de fortes chances pour que vous soyez remués par des prises de conscience percutantes, et la carte que vous allez retourner à cet endroit devrait en symboliser la confirmation. Non seulement vous serez plus à même de tisser une jonction entre ce que vous avez compris et cette lame, mais cela peut vous permettre d'approfondir cette prise de conscience. Cela dit, il est aussi possible que vous restiez assez concis dans l'interprétation, car vous ne souhaitez plus vous attarder sur le passé, mais avancer.

2 - Comment me suis-je relevé ?

Cette interrogation peut soulever des émotions agréables, car elle vous rappelle votre résilience et vos réussites sur le chemin. Oui, vous pouvez être fier de vous.

3 - Qu'est-ce que je peux faire pour me renforcer ?

La réponse peut receler quelque chose de rassurant. Certes, vous ne pouvez pas vous reposer sur vos lauriers, ce qui peut générer du doute. Ainsi, vous pourrez réfléchir à des perspectives concrètes pour consolider vos acquis et ne pas vous décourager en cas d'éventuels coups retors du destin.

4 - Quel est le boss final à affronter ?

Cette carte peut renvoyer à quelque chose que vous avez déjà vécu plusieurs fois. Vous vous demanderez ainsi si vous serez capable de dépasser les schémas répétitifs, cette fois-ci. Comme vous avez compris pas mal de choses, vous pouvez avoir de bonnes surprises. Même si vous êtes déçus par la tournure d'une situation, la déconvenue sera probablement bien moins cuisante et irréversible que par le passé. Dans tous les cas, cette carte peut vous permettre de mieux forger vos armes.

5 - Comment vaincre ce boss final ?

Comme vous avez pu anticiper d'éventuels revers grâce à la question précédente, si vous vivez une expérience désagréable, par exemple une situation conflictuelle avec quelqu'un, la réaction de la personne en face pourrait vous surprendre en bien. Certes, c'est tout à son honneur, et tout ne dépend pas de vous. Cela reste quand même une victoire personnelle. Effectivement, votre propre posture, que vous avez pu réajuster ces derniers mois, a probablement eu une influence bénéfique sur celle de la personne en face de vous.

6 - Quelle victoire m'attend ?

C'est la carte la plus réjouissante du parcours, celle qui vous montre à quel point votre travail va porter ses fruits et vous encourage à vous accrocher à ce qui vous tient à cœur. Normalement, la victoire ne devrait pas être moindre. Si c'est une carte négative, vous pouvez vraiment la comprendre dans le sens où vous sortez des travers qu'elle annonce. Dans le pire des cas, si ce n'est vraiment pas la réponse espérée, ne perdez pas la foi. Laissez la situation se décanter, la vie vous surprendre… et, plus tard, pourrez-vous peut-être reprendre ce parcours à zéro, avec des interrogations et des problématiques qui auront probablement évolué.

7 - Comment la maintenir durablement ?

La réponse est peut-être moins stimulante que la précédente, mais, au moins, elle devrait avoir un côté apaisant. Ne soyez pas étonnés si vous retournez une carte de la suite des mineures, qui renvoie au quotidien, plus précisément aux deniers, lesquels se réfèrent aux aspects concrets de la vie. Si vous avez une carte à polarité plutôt négative, pas d'inquiétude. Placée ainsi, elle souligne essentiellement le fait que vous avez appris de vos erreurs.

V-3 Processus de l'ascension

V-3 A Définir ses ambitions

Dans cet exercice, vous allez pouvoir définir vos objectifs sur un an, trois ans, cinq ans. Il s'agit d'une période assez courte pour ne pas procrastiner, mais assez longue pour déculpabiliser et ne pas vous mettre la pression.

V-3-B Le rituel Victoria

Pour finir, nous allons voir ensemble comment fabriquer une bougie Victoria, comme nous avons vu la fabrication d'une bougie Brise-Verrou dans la deuxième partie du programme, les étapes techniques seront moins détaillées dans cette dernière partie.

Le jour planétaire idéal

Pour fabriquer cette bougie, nous privilégierons le dimanche, qui renvoie au Soleil, donc à la réussite et la concrétisation. Les heures planétaires du Soleil le dimanche sont 1 h, 7 h, 14 h et 21 h.

Les ingrédients

Un colorant pour bougie jaune
De la poudre dorée
Une cuillère à café de thym
Une goutte d'huile d'angélique
Une pincée de cannelle
Une goutte d'élixir floral de camomille romaine

Le jaune correspond aux énergies solaires, la poudre dorée à la brillance. Les herbes, huiles et épices mentionnées sont régies par le Soleil en astrologie.

La formule

Pendant la préparation, vous pouvez réciter la formule suivante :

> Bougie, jolie bougie
> Confère-nous ton énergie
> Et ta magie
> Pour que ceux qui t'utilisent
> Réalisent
> Leurs souhaits plus vite
> Offre-leur une belle réussite

Le jour d'utilisation

Comme il est préférable de laisser durcir la bougie vingt-quatre heures, vous pouvez l'utiliser dès le dimanche qui suit. Il est préférable de l'utiliser en lune montante pour suivre la dynamique de l'attraction, mais n'oubliez pas de faire les choses en fonction de votre inspiration et de vos besoins du moment.

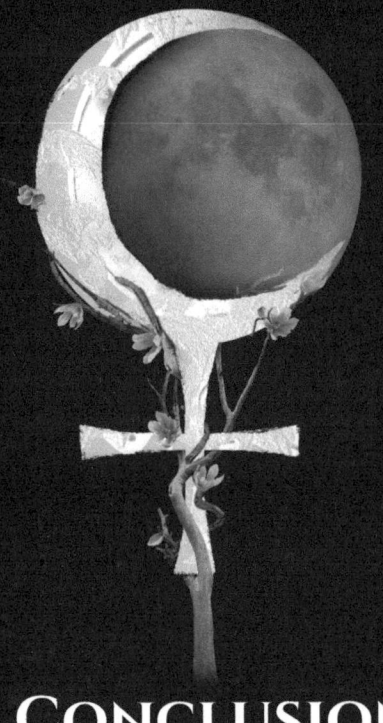

Conclusion

Ce parcours ne vous fait pas de fausses promesses quant à des résultats instantanés et fulgurants. En revanche, en l'espace de six à dix mois, il devrait donner lieu à des prises de conscience, ainsi qu'à une amélioration et un épanouissement tangibles. À défaut de vous servir vos rêves sur un plateau, il peut vous libérer des tentacules qui vous empêchaient de les atteindre, ou du moins d'identifier ces tentacules, bien souvent invisibles. Cela devrait donner lieu à de belles surprises… ou à une confirmation de certains espoirs pressentis, grâce à votre intuition aiguisée.

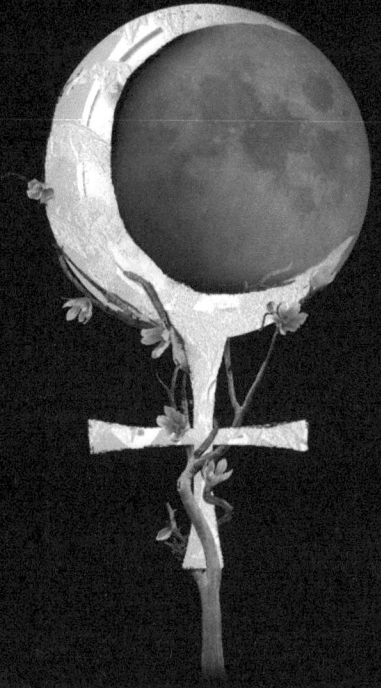

BIBLIOGRAPHIE

La lune noire

BIGE, Luc, *La lune noire, Vertige de l'absolu*, Paris, éditions Janus, 2004

DES LONGSCHAMPS, Marie-Thérèse, *La lune noire et les nœuds lunaires en astrologie*, Paris, éditions Fernand Lanore, 1989

DE GRAVELAINE, Joëlle, *Le retour de Lilith*, Escalens, éditions Grancher, 2020

DRYFBURG, Hélène, *La puissance de la lune noire*, Paris, éditions Eyrolles, 2021

LARZUL, Laurence, *Comprendre la lune noire*, Escalens, éditions Grancher, 2002

La magie

ABBE Julio, LABOURE Denis, *Guide complet des pentacles et prières*, Vanves, éditions Le lotus et l'éléphant, 2021

AGRIPPA, Henri-Corneille, *La philosophie occulte ou la magie*, livres I, II, III, IV, Yule, unicursal publisher, 2019

DAYRONE, Lucy W, *Manuel d'utilisation des seven days candles*

GRANT, Ember, *Fabriquez vos bougies*

magiques, Toulouse, éditions Alliance magique, 2019

HOWE, Linda, *Comment lire les dossiers akashiques*, Paris, éditions Ariane, 2009

LAUVERGNE, Vincent, *Astrologie magique*, Toulouse, éditions alliance magique, 2015

LAUVERGNE, Vincent, *La magie des égrégores*, Escalens, éditions Trajectoire, 2017

LAUVERGNE, Vincent, *La magie verte*, Le Touvet, éditions Ambre, 2007

LAUVERGNE, Vincent, *Dictionnaire des analogies ésotériques*, Le Touvet, éditions Ambre, 2008

LAUVERGNE, Vincent, *traité des encens et des condensateurs fluidiques*, Escalens, éditions Trajectoire, 2008

MADDOX, Kelly-Anne, *Rebel Witch*, Toulouse, éditions alliance magique, 2021

MORYASON, *La lumière sur le royaume*, Courbevoie, éditions Moryason, 2009

ORPHEE, Athénos, *Lilith, reine des sorcières*, Toulouse, éditions Danaé, 2018

PENCZAK, Christopher, *La prospérité de la sorcière*, Toulouse, éditions Danaé, 2020

Le tarot

HADAR, Kris, *Le grand livre du tarot*, Québec, Les éditions de Mortagne, 2014

KATZ, Marcus et GOODWINN, Tali, *Le tour du tarot en soixante-dix-huit jours*, Toulouse, éditions Arcana Sacra, 2020

KENNER, Corinne, *La bible du tarot et de l'astrologie*, Escalens, éditions ADA, 2013

MEUNIER, Kévin, *Voyage de la terre aux étoiles*, Escalens, éditions ADA, 2014

ROUSSEL, Denise, *Le tarot psychologique*, Québec, éditions de Mortagne, 2017

SYLVESTRE, Colette, *Les tarots*, Escalens, éditions Grancher, 2014

VIRTUE, Doreen, *Le grand livre du tarot des anges*, Paris, éditions Exergue, 2016

Thérapies, psychologie, développement personnel

CAMERON, Julia, *Libérez votre créativité*, Paris, éditions J'ai lu, 2007

CARREY, Stan, *Vivre sans souffrir*, auto-édition, 2020

CIALDINI, Robert, *Influence et manipulation*, Paris, éditions Pocket, 2014

CRAIG, Gary, *Le tutoriel officiel de l'EFT*, Gap, éditions du souffle d'or, 2020

JUNG, Carl Gustav, *Psychologie et religion*, Vincennes, éditions Fontaine de pierre, 2019

MARTEL, Jacques, *La technique des petits bonshommes allumettes*, Québec, éditions ATMA, 2021

Les cristaux

BARTHLETT, Sarah, Cristaux, *de la santé à la divination* Paris, éditions Vigot, 2017

LECOMPTE, Lise-marie, *Le pouvoir magique des pierres*, Escalens, éditions Grancher, 2015

GARNIER, Jean Michel, *L'ABC de la lithothérapie*, Escalens, éditions Grancher, 2016

La numérologie

NOTTER, François, *Numérologie et mieux être*, Le Touvet, éditions Ambre, 1996

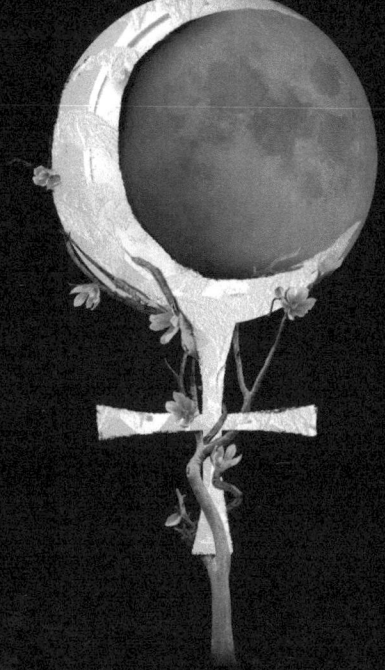

REMERCIEMENTS

Je souhaite remercier les personnes qui m'ont accompagnée, directement ou non, durant l'écriture de ce livre, même si je me suis actuellement éloignée de certaines. Mathilde B, la Meute de Hyena sur discord, de réels amis virtuels. Ma mère qui croit en la galérienne que je suis de manière indéfectible, mon père et ses poupouétteries, le Chat et le Kalboun qui se reconnaîtront, ma famille qui m'aime comme je suis malgré une interminable traversée du désert, Félicia et ses grosses fesses, Finette Social. Il y a aussi des personnes dont je ne suis pas proche, mais qui m'ont quand même inspirée pour ce livre. Nyx, Sylvie de Taronaute, Margot Winterhalter, Vincent Lauvergne et Athénos Orphée. Il y a aussi des personnes inspirantes avec qui j'ai créé du lien : Véro Ange de Gaïa, Rudy et Daphné qui m'ont beaucoup soutenue sur le groupe de Hoodoo Californien. Une pensée également pour Annick, une galérienne au grand cœur. Stéphanie, une amie de longue date, loyale et franche du collier. Merci à l'astrologue Kévin Meunier pour ses encouragements et son rire communicatif. Merci à Loïc et Thibault, des mecs en or avec qui j'ai eu des échanges professionnels et personnels de qualité. Comme quoi, c'est possible.

Cet ouvrage a été composé par : Thibault Beneytou